W0055920

Eckart Pontow

Klassische Küchenkräuter mit Rezepten

Rhino Westentaschen-Bibliothek
Band 2

Dillernte. Aus dem „Tacuinum Sanitatis".

König Manfred von Sizilien (1258–1266) gab in Palermo eine lateinische Übersetzung des *Taqwîm al-sihha* (تقويم الصحة) aus dem Arabischen in Auftrag.

Ab 1380 illustrierte Giovannino de' Grassi (um 1340/50–1398) in Norditalien eine gekürzte Fassung.

Eckart Pontow

KLASSISCHE KÜCHENKRÄUTER MIT REZEPTEN

Trotz gewissenhafter Bearbeitung kann eine Haftung für den Inhalt nicht übernommen werden. Für aktuelle Ergänzungen und Anregungen ist der Verlag jederzeit dankbar.

Die Abbildungen wurden den Büchern
Thomé, Otto Wilhelm: Flora von Deutschland, Österreich und der Schweiz in Wort und Bild für Schule und Haus, Verlag Flora von Deutschland, Gera 1905 und *Köhler, Hermann: Medizinal-Pflanzen in naturgetreuen Abbildungen und kurz erläuterndem Texte, Verlag von Franz Eugen Köhler, Gera 1914*
entnommen und für diese Ausgabe bearbeitet.
Foto: S. 93: Ulrich Völkel

Impressum

© 2013 RHINOVERLAG Dr. Lutz Gebhardt & Söhne GmbH & Co. KG
Am Hang 27, 98693 Ilmenau
Tel.: 03677 / 46628-0, Fax: 03677 / 46628-80
www.rhinoverlag.de

Layout, Satz: Ulrich Völkel
Schrift: Garamond
Titelgestaltung: ja.na Rogge, Weimar

2. Auflage 2014
ISBN: 978-3-95560-002-0

INHALTSVERZEICHNIS

VORWORT DES AUTORS

Um ein Shakespeare-Wort aus dem „Hamlet" zu kolportieren: *Es gibt eben mehr Gewürze zwischen Salz und Pfeffer, als Eure Schulweisheit sich erträumen lässt.* Selbst wenn man in der Definition, was Gewürze sind, jene Stoffe weglässt, die neben den verschiedenen Pflanzenteilen der Geschmacksverbesserung dienen, kommt man auf eine lange Liste. Und multipliziert man die Pflanzen mit den unterschiedlichsten Möglichkeiten ihres Einsatzes in der Küche, so füllt das mehrere Seiten, ohne wirklich erschöpfend Antwort zu geben, denn Spitzenköche wie Alfons Schuhbeck lehren uns immer wieder neue Varianten und Einsatzmöglichkeiten. Wir müssen uns nur auf das Abenteuer einlassen, unseren durch Fastfood und Konserven verdorbenen Geschmacksnerven neue, beziehungsweise in Vergessenheit geratene Reize anzubieten. Essen sollte eben nicht nur Nahrungsaufnahme sein. Essen, möglichst in angenehmer Gesellschaft, kann fast ein erotisches Erlebnis sein. Und was wäre Liebe ohne Würze?

In diesem kleinen Buch war nur Platz für wenige klassische Küchenkräuter, die entweder ihre Wurzeln im Sinne des Wortes in unseren Breiten haben oder als „Neubürger" Eingang in unsere heimischen Gärten gefunden haben. Es ist ein besonderes Verdienst von Kaiser Karl V., der den Krongütern und Klostergärten im Jahre 812 den Anbau zahlreicher Kräuter mit dem *Capitulare de villis vel curtis imperii* gewissermaßen als Gesetz vorgegeben hat. Einer der Gründe für diese kaiserliche Verfügung war die Tatsache, dass manche Gewürze, die auf langen Wegen zu Lande und zu Wasser eingeführt wurden, im Europa jener Zeit eine hohe wirtschaftliche und politische Rolle spielten. Es ging also auch um Unabhängigkeit bis hin zur Vermeidung von Kriegen. Gewürze, könnte man verkürzt sagen, waren in ihrer Bedeutung das Erdöl des Mittelalters.

Dieses Buch vermag nur einen kleinen Einblick in die Welt der Küchenkräuter zu geben, aber vielleicht macht es Appetit auf guten Geschmack, über den man bekanntlich nicht streiten kann.

Eckart Pontow

Bärlauch *Allium ursinum*

FAMILIE
Zwiebelgewächse *(Alliaceae)*

BESCHREIBUNG
Bärlauch wächst bevorzugt in schattigen Laubwäldern. Im Frühjahr erscheinen die lanzettartigen, nach Knoblauch riechenden Blätter. Aus der Blattrosette wächst ein Stängel, an dem die weißen, wie Sterne aussehenden Blüten ausgebildet werden.

VERWENDETE TEILE
Blätter

WICHTIGE INHALTSSTOFFE
Allicin, Eisen, Mineralsalze, Schleim, Zucker

ERNTEZEIT
April und Mai
Nur aus großen Beständen an den erlaubten Orten sammeln!

VERWENDUNG

Geerntet werden die zarten Blätter vor der Blüte. Beim Trocknen verliert Bärlauch seine Wirkstoffe. Besonders beliebt ist Kräuterquark mit Bärlauch. Man kann die Blätter aber auch in schmale Streifen geschnitten aufs Butterbrot geben oder Käse- und Tomatenbrote damit garnieren. Bärlauch an Frühlingssalaten sorgt für eine besondere Würze. Die Verwendung des würzigen Krautes ist nahezu unbegrenzt.

Man kann Bärlauch zu Dips oder Pesto verarbeiten oder daraus Suppen kochen, Küchlein backen oder ihn in Olivenöl einlegen.

Um letzteres zuzubereiten, schneidet man die vorsichtig gewaschenen Blätter in 5 bis 10 mm breite Streifen, die man portionsweise in eine 1-l-Flasche bis unterhalb der Verschlusshöhe füllt. Das Öl muss etwa drei Wochen an einem nicht zu hellen Platz bei Zimmertemperatur reifen. Danach wird es durch ein feines Sieb unter Zugabe eines frischen Blatts in eine dunkle Flasche gefüllt und kühl gelagert; Haltbarkeit bis neun Monate.

SCHUPFNUDELN MIT BÄRLAUCH

Zutaten für 4 Personen

500 g	Kartoffeln
150 g	Hartweizen-, Nudel-, Spätzlemehl
1 Bund	Bärlauch
2 EL	Öl
1 TL	Salz
2	Eier

Gekochte, geschälte Kartoffeln durch eine Presse drücken. Gewaschenen Bärlauch feinhacken. Zutaten verkneten, Rollen formen, in 20 bis 25 Scheiben schneiden. Schupfnudeln in Salzwasser etwa 8 Min. ziehen lassen. Abschöpfen, abschrecken. Als Beilage oder als Hauptgericht (dann in Butter erwärmen) servieren. Mit in Butter angerösteten, in Streifen geschnittenen Bärlauchblättern und frisch geriebenem Parmesan auftragen. Anstelle des frischen Bärlauchs kann Bärlauch-Paste verwendet werden. Die Schupfnudeln kann man einfrieren. Einfach gefroren in siedendes Wasser geben, einige Minuten aufwallen lassen.

12

Beifuß *Artemisia vulgaris*

FAMILIE
Korbblütler *(Asteraceae)*

BESCHREIBUNG
Beifuß ist eine ausdauernde, krautige Pflanze, die bis zu 2 m groß werden kann. Die derben Laubblätter werden bis 5 cm lang und 3 cm breit. Die Oberseite ist grün, die Unterseite grau-weißlich.

VERWENDETE TEILE
Kraut und Wurzel

WICHTIGE INHALTSSTOFFE
Ätherische Öle, Bitterstoffe, Gerbstoffe, Inulin

ERNTEZEIT
<u>Kraut:</u> Juli / September; <u>Wurzel:</u> Spätherbst

VERWENDUNG
Beifuß wird auch Gänsekraut genannt, weil es ein

13

ideales Würzkraut für alle fetten Gerichte ist. Man verwendet es z. B. bei Aal, Schmalz, Hammel- und Schweinefleisch und Gänsebraten.

HAMMELKEULE MIT BEIFUSS

Zutaten für 4 Personen

880 g	Hammelkeule (ohne Knochen)
3 EL	Tomatenmark
2	Knoblauchzehen
1	mittelgroße Zwiebel
350 ml	Wasser
1 Stiel	Beifuß, gerebelt
1 EL	Honig
1 EL	Mehl
	Salz

Tomatenmark mit 1 EL Salz, 2 gepressten Knoblauchzehen, ½ kleingeschnittene Zwiebel mischen. Keule einseitig verschließen, mit Tomatenmix füllen, andere Seite zustecken. Wasser in vorgeheizten Bräter (200 °C) geben, Fleisch hineinlegen. Zweite Zwiebelhälfte und restlichen Knoblauch würfeln, dazugeben, salzen, Beifuß darüberstreuen. Bräter 90 Min. im Ofen lassen. Honig mit etwas Salz mischen, über Braten geben, 30 Min. bei 190 °C im Ofen lassen. Ofen ausschalten, Keule 10 Min. ruhen lassen, herausnehmen. Soße im Topf mit Mehl andicken, aufkochen, Fleisch anrichten.

GÄNSESCHMALZ MIT BEIFUSS

500 g	Gänseflomen (Bauchwandfett)
300 g	Schweineflomen
je 2 Zw.	Majoran und Beifuß
2 TL	grob geschroteter schwarzer Pfeffer
3	weiße Zwiebeln

Gänse- und Schweineflomen in Würfel schneiden, Zwiebeln in Ringe. Beifußblätter und Knospen abstreifen. Flomen im Topf auslassen. Zwiebeln zugeben, goldbraun werden lassen. Zwiebelringe abschöpfen. Majoran, Beifuß, Pfeffer ins heiße Schmalz geben, kurz ziehen lassen, durch Sieb gießen. Majoran, Beifuß unterrühren; in Gläser füllen, Zwiebeln und Pfeffer daraufgeben. Gläser verschließen.

Borretsch *Borego officinalis*

FAMILIE
Raublattgewächse *(Boraginaceae)*

BESCHREIBUNG
Die bis zu 70 cm hoch werdende krautige Pflanze ist an den Stängeln und den derben Blättern borstig behaart. Von Mai bis September trägt Borretsch leuchtend blaue Blüten. Der in ihnen enthaltene Farbstoff verfärbt sich in saurer Lösung rot. Bei bestäubten Blüten bildet sich in den vier Fruchtfächern des Fruchtknotens jeweils ein hartes, einsamiges Nüsschen.
Von der Blüte herabfallende Samen werden durch Ameisen eingesammelt und in die oft weit entfernten Baue verschleppt. Diese Ausbreitung wird als Myrmekochorie bezeichnet.
Borretsch ist eine ursprünglich im Mittelmeergebiet beheimatete Pflanze. Er wurde in Frankreich kultiviert und gelangte von dort aus nach Deutschland. Im 16. Jahrhundert wurde die Pflanze in Bauerngärten häufig angebaut.

Angepflanzt wird er auch heute noch in jedem gut sortierten Kräutergarten.

Verwendete Teile
Kraut, Blüten, Wurzel

Wichtige Inhaltsstoffe
Alkaloid, Flavonoide, Saponine, Schleim

Erntezeit
Juni bis August

Verwendung
Borretsch, der auch als Heilpflanze u. a. gegen Herzschwäche und Melancholie genutzt wird, passt geschmacklich gut zu Gurke (daher auch „Gurkenkraut"). Besonders in der russischen Küche erfreut er sich großer Beliebtheit.
Borretsch ist gut für die Verdauungsorgane und den Stoffwechsel.

KARTOFFELSUPPE MIT BORRETSCH UND BORRETSCHBLÜTEN

Zutaten für 4 Personen

500 g	mehlig kochende Kartoffeln
800 ml	Kalbsfond
400 ml	Wasser
2 Bund	Borretsch (mit Blüten)
je 2	Zwiebeln, Knoblauchzehen
2	Staudensellerie
100 g	Butter
	Salz und Pfeffer

Kartoffeln schälen, in Würfel schneiden. Zwiebeln und Sellerie kleinwürfeln. Knoblauch feinhacken. Zutaten in Topf geben, Kalbsfond und Wasser aufgießen, ca. 10 Min. kochen. Blüten und Blätter abzupfen. Blätter feinhacken, zur Suppe geben, weitere 5 Min. kochen. Ein Drittel der Suppe pürieren, wieder in den Topf gießen. Suppe mit Salz und Pfeffer abschmecken, Butter unterziehen. Portionsweise anrichten, mit den Blüten bestreuen.

𝕭𝖗𝖚𝖓𝖓𝖊𝖓𝖐𝖗𝖊𝖘𝖘𝖊 *Nasturtium officinale*

FAMILIE
Kreuzblütengewächse *(Brassicaceae)*

BESCHREIBUNG
Die wintergrüne Sumpf-/Wasserpflanze hat einen hohlen, im Wasser liegenden Stängel von bis zu 90 cm Höhe, kleine, grasgrüne Laubblätter und bildet ab Ende Mai traubige Blütenstände. Die Schoten enthalten bis zu 60 Samen.
Echte Brunnenkresse bevorzugt fließende, nährstoffreiche Gewässer in sonniger bis halbschattiger Lage. Sie gedeiht bevorzugt in Karstgebieten mit vielen Quellen.

VERWENDETE TEILE
Blätter

WICHTIGE INHALTSSTOFFE
Antibiotika, Arsen, ätherisches Öl, Bitterstoff, Eisen, Jod, Salicylate, Senföl, Vitamin C, Zink

April und Mai, auch ganzjährig

Verwendung

Brunnenkresse gedeiht das ganze Jahr. Sie ist im zeitigen Frühjahr und Spätherbst ein wichtiger Vitaminspender. Wildsalate und Kräuterquark erhalten durch sie einen besonders würzigen Geschmack. Medizinisch verwendet werden die zur Blütezeit gesammelten oberirdischen Pflanzenteile. Sie wirken gegen Frühjahrsmüdigkeit und Vitaminmangel. Im getrockneten Zustand gehen die Wirkstoffe weitgehend verloren, weshalb Brunnenkresse nur frisch genommen wird. Behutsam angewendet wirkt sie belebend und blutreinigend, stärkt die Verdauung, regt die Niere an und löst die Verschleimung der Atemwege. Man kann den frischen Saft der Brunnenkresse, maximal dreimal täglich einen Teelöffel voll, verdünnt in einem Glas Wasser einnehmen.

In der Schwangerschaft sollte Brunnenkresse nicht verwendet werden.

BRUNNENKRESSE-KRÄUTERBUTTER

Zutaten für 4 Personen
100 g   Butter (Zimmertemperatur)
1 Zehe   Knoblauch, feingehackt
1 TL   Zitronensaft
1 Bund   Brunnenkresse, feingehackt
          Salz, schwarzer Pfeffer
Butter mit den Zutaten vermischen, Zitronensaft tropfenweise zugeben, zu einer Rolle formen, in Alufolie im Kühlschrank aufbewahren.

BRUNNENKRESSEDRESSING

1 Bund   Brunnenkresse
75 ml   Naturjoghurt
75 ml   saure Sahne
          Zitronensaft
          Salz und Pfeffer
Kresse mit siedendem Wasser übergießen, 1 Min. kochen, abgießen, kalt abspülen, mit den restlichen Zutaten mixen, mit Salz und Pfeffer würzen.

𝕯ill *Anethum graveolens*

FAMILIE
Doldenblütler *(Apiaceae)*

BESCHREIBUNG
Der einjährige Dill wird bis 75 cm groß. Er duftet stark aromatisch, die Farbe variiert von hellgrün bis grün-türkis. Die aufrecht wachsenden Stängel verzweigen sich im oberen Abschnitt. Die Blütenstände sind 5 bis 15 cm groß und enthalten 10 bis 25 kleine Dolden. Die zwischen Juli und September reifenden braunen Spaltfrüchte werden 3 bis 5 mm lang.

VERWENDETE TEILE
Blätter, Samen

WICHTIGE INHALTSSTOFFE
Ätherisches Öl, Calcium, Kalium, Natrium

ERNTEZEIT
Juni bis September

Dill wurde in Ägypten als Heil- und Gewürzpflanze verwendet. In Soßen, Salatöl, Joghurt, Quark und Gewürzbutter ist Dill beliebt. Er dient auch zum Würzen von Fisch- und Fleischspeisen. Das Öl wird in der Likörproduktion verwendet. Blätter und Blütendolden sind eine wichtiges Zutat für Gewürzgurken. Frisches Dillkraut wird auch auf gegarte Kartoffeln gestreut.

DILLGURKEN IM GLAS
Süß-sauer eingelegt

20	grüne Gurken
4 Bund	frischer Dill
8 EL	gelbe Senfkörner
24	Pimentkörner
12	Lorbeerblätter
24	Wacholderbeeren
1600 ml	Weinessig
	Wasser, Salz

Gurken waschen, in dünne Scheiben schneiden, in ein Sieb schichten, abtropfen lassen. Zwischen den Schichten mit Salz bestreuen. Zwei Stunden ziehen lassen. Gurkensaft wegschütten. Dill waschen, feinhacken, für jedes Glas einen kleinen Zweig Dill beiseitelegen. Senf- und Pimentkörner, Lorbeerblätter, Wacholderbeeren – nach Bedarf auch halbierte Knoblauchzehen dazugeben – Zucker, Weinessig und Wasser für den Sud zum Kochen bringen, vom Herd nehmen, mindestens eine Stunde ziehen lassen, erneut aufkochen, die Gewürze herausnehmen. Die gespülten Gurkenscheiben gut abtropfen lassen, dazugeben, erneut kurz aufkochen, herausnehmen. Mit gehacktem Dill mischen, in die sterilisierten Gläser füllen.

Sud aufkochen, heiß über die Gurken in die Gläser gießen, Dillzweig auflegen, sofort mit Twist-Off-Deckeln verschließen und umdrehen. Erst nach dem Erkalten wieder richtig hinstellen (so prüft man, ob sie wirklich dicht verschlossen sind). Mindestens vier Wochen ziehen lassen. Haltbarkeit: sechs Monate und länger.

28

Fenchel *Foeniculum vulgare*

FAMILIE
Doldenblütler *(Apiaceae)*

BESCHREIBUNG
Der nach Anis riechende Fenchel ist eine zweijährige bis ausdauernde krautige Pflanze von 40 bis 200 cm Höhe. Er bildet mit seinen Speicherblättern knollenähnliche Zwiebeln. Die doppeldoldigen Blütenstände haben einen Durchmesser von 5 bis 9 cm.

VERWENDETE TEILE
Blätter und Samen

WICHTIGE INHALTSSTOFFE
Ätherisches Öl, Bergapten, Bor, Carvon, Chamazulen, Citral, Citronella, Cumarine, Eugenol, Flavonoide, Fumarsäure, Kaffeesäure, Kampfer, Limonen, Linalool, Linolsäure, Myristicin, Psoralen, Salicylate, Thymol, Tocopherol, Trigonellin, Umbelliferon, Xanthotoxin, Vitamin C

Juni bis September

VERWENDUNG

Fenchelknolle

Die Knollen werden vor allem in Salaten, Gemüsegerichten und als Beilage zu gedünsteten Fischgerichten gegessen, während die Samen in Schwarzbrot mitgebacken oder zu einem Magen und Darm beruhigenden Tee aufgegossen werden. Außerdem können die in den Früchten enthaltenen ätherischen Öle dank ihrer antibakteriellen Eigenschaft Atemwegsbeschwerden lindern. Mit feingehackten Fenchelblättern würzt man Suppen, Salate, Mayonnaisen und *Sauce vinaigrette*. Die aromatisch und süß schmeckenden Fenchelpollen werden als „Gewürz der Engel" bezeichnet. Fenchel findet auch in einigen Spirituosen zur geschmacklichen Abrundung eines Getränkes Verwendung, das als einen der Hauptbestandteile Anis (oder Sternanis) enthält, z. B. Absinth oder Pastis.

ÜBERBACKENER FENCHEL

Zutaten für 4 Personen

2	Fenchelknollen
2	mittelgroße Tomaten
2 Pck.	Mozzarella
4	Toastbrotscheiben
4 EL	Olivenöl
	Brühwürfel
	Salz, Pfeffer
	Basilikum

Fenchel von Stielen und Kraut befreien, waschen, im kleinen Topf mit Brühe bedecken, ca. 30 Min. bei schwacher Hitze dünsten. Die Toastscheiben mit 1 EL Olivenöl beträufeln. Fenchel längs halbieren, Strunk entfernen. Eine Hälfte auf Toast legen. Tomate in Scheiben schneiden, auf Fenchel verteilen, salzen und pfeffern. Mozzarella in Scheiben schneiden, auf die Tomaten legen, salzen, pfeffern. Die Toasts auf Backpapier auf das Ofenblech legen, bei 200 °C Oberhitze 15 bis 20 Min. überbacken, mit Basilikum garnieren

Giersch *Aegopodium podagraria*

FAMILIE
Doldenblütler *(Apiaceae)*

BESCHREIBUNG
Giersch wird bis zu 1 m groß. Er hat kantig-gefurchte Stängel. Die länglichen Laubblätter haben am Rand gesägte Abschnitte. Die doldigen Blütenstände setzen sich aus kleinen weißen Blüten zusammen. Der stark wuchernde Giersch bildet Kolonien und verbreitet sich über große Flächen. Seine Beseitigung ist nur durch mehrjähriges Abdecken oder tiefreichendes Aussieben des Bodens möglich.

VERWENDETE TEILE
Blätter

WICHTIGE INHALTSSTOFFE
Ätherisches Öl, Chlorogensäure, Cumarine, Hyperosid, Kaffeesäure, Kalium, Phenolcarbonsäuren, Polyine, Vitamin C

April bis Juli

Gartenbesitzer fürchten den Giersch, denn der ist so hartnäckig, dass man ihn auch bei größter Sorgfalt kaum wieder los wird. Da hilft den Betroffenen auch nicht der Hinweis, dass Giersch in der Volksheilkunde sehr erfolgreich gegen Rheuma eingesetzt wird. Aber Giersch ist ein schmackhaftes Wildgemüse. Als Salat zubereitet, ähnelt er geschmacklich dem Spinat. Die jungen Blätter können in Aufstriche und Suppen gegeben werden. Im Mittelalter wurde er als Gemüse angebaut. In Notzeiten, wie z. B. während der beiden Weltkriege, sicherte Giersch vielen Menschen die notwendigen Vitamine.

Vorsicht beim Sammeln wegen der Verwechslungsgefahr mit ungenießbaren und giftigen Doldenblütlern wie Gefleckter Schierling oder Breitblättriger Merk.

GIERSCH-BRENNNESSEL-CREMESUPPE

Zutaten für 4 Personen

1 kg	Kartoffeln
400 g	Brennnesseln
100 g	Giersch
1	Zwiebel
3	Knoblauchzehen
	Olivenöl
	Salz, Pfeffer
	Crème fraîche
	Gänseblümchen

Zwiebel und Knoblauch abziehen, würfeln, in Olivenöl andünsten. Gewaschene Brennnesseln und Gierschblätter hinzugeben, dünsten, bis sie etwas zusammenfallen. Geschälte, geschnittene Kartoffeln zugeben, mit Wasser auffüllen, bis sie bedeckt sind, salzen. Bei kleiner Flamme köcheln. Die Kartoffeln pürieren, alles abschmecken. Auf Tellern servieren, mit Crème fraîche und Gänseblümchen dekorieren. Giersch rundet den herben Geschmack der Brennnesseln ab.

Kerbel *Anthriscus cerefolium*

FAMILIE
Doldenblütler *(Apiaceae)*

BESCHREIBUNG
Kerbel ist eine einjährige Pflanze von 20 bis 70 cm Höhe. Die hellgrünen Laubblätter sind dreieckig, der Blattrand gesägt oder gekerbt. Der Blütenstand ist eine Doppeldolde. Es gibt männliche und zwittrige Blüten an einer Pflanze. Kerbel blüht von Mai bis August. Die walzlich geformten Früchte sind zur Reife glänzend schwarz. Die Pflanze riecht nach Anis.
Kerbel wird nicht nur in der Küche, sondern auch in der Volksheilkunde gegen Kopfschmerzen und Gedächtnisstörungen verwendet.

VERWENDETE TEILE
Kraut

WICHTIGE INHALTSSTOFFE
Apiin, ätherisches Öl, Zink

August bis September

Die Ägypter gaben ihren Pharaonen ein Körbchen mit Kerbelsamen als Wegzehrung ins Grab.

Kerbel muss frisch in Salaten oder Kräuterquarks verwendet werden, denn im getrockneten Zustand verliert er einen großen Teil seiner Wirkung und seines Aromas. Man kann ihn zwar mit Öl, Salz oder Essig einlegen, frische Kräuter sind solcher Konservierung aber freilich überlegen.

In der auch durch Goethe berühmten „Grünen Soße", die sich der Dichter von seiner Mutter Aja zubereitet häufig von Frankfurt nach Weimar kommen ließ, ist Kerbel ein unverzichtbarer Bestandteil.

Vorsicht beim Kräutersammeln: Wiesenkerbel sieht dem giftigen Schierling und dem Kälberkopf zum Verwechseln ähnlich.

GRÜNE SOSSE

Zutaten für 2 bis 4 Personen

<u>Kräuter zu gleichen Teilen:</u>

> Kleiner Wiesenknopf (Pimpinelle)
> Schnittlauch, Petersilie, Borretsch,
> Kerbel, Sauerampfer, Brunnenkresse

<u>Außerdem:</u>

1	Schalotte
500 g	saure Sahne oder Schmand
	etwas Essig
	Salz, Pfeffer
1 Prise	Zucker
	etwas Senf

Kräuter waschen und abtrocknen. Schalotte in kleine Würfel schneiden. Kräuter grob zerkleinern. Zutaten pürieren, bis die Soße grün ist. Soße mit Kräuterspitzen verzieren.

Grüne Soße isst man zu jungen Pellkartoffeln und hartgekochten Eiern. (Die Eier kann man auch kleinhacken und direkt in die Soße geben.)

In Frankfurt a. M. wird die Grüne Soße zu Ochsenfleisch, Kartoffeln oder Fisch gereicht.

40

𝕶ümmel *Carum carvi*

FAMILIE
Doldenblütler *(Apiaceae)*

BESCHREIBUNG
Die Blätter der zweijährigen Pflanze sind zwei- bis dreifach gefiedert. Kümmel hat eine rübenartige Wurzel. Er erreicht eine Höhe von 30 bis 60 cm und bildet 5 bis 15 Dolden.

VERWENDETE TEILE
Samen, Blätter, Wurzel

WICHTIGE INHALTSSTOFFE
Ätherische Öle, Fettsäuren, Gerbstoffe, Vitamin C

ERNTEZEIT
Juni, Juli

VERWENDUNG
In der Naturheilkunde wird dem Kümmel eine

appetitanregende Wirkung zugesprochen. Er unterstützt die Verdauung von fetten und blähenden Speisen.

Besonders intensiv schmeckt Kümmel, wenn man ihn vor dem Kochen leicht anröstet. In einigen Ländern wird die Kümmelwurzel als Gemüse zubereitet.

Im Volksglauben gebrauchte man Kümmel gegen Dämonen und böse Geister. Am Gründonnerstag aß man Kümmelplätzchen, damit man über das Jahr keine Flöhe und Läuse bekommt.

Als besonders heilsam galt der am 24. Juni (Johannistag) um 12 Uhr gesammelte Kümmel.

Kümmel ist vor allem in den Küchen in Österreich und Deutschland, aber auch in Russland, Skandinavien, Irland sowie in asiatischen und arabischen Ländern sehr gebräuchlich.

Kümmelöl findet Verwendung in Likören und Schnäpsen.

Die grünen, frischen Blätter können in Kräutermischungen für Kräuterbutter, Kräuterquark, Soßen und Suppen verwendet werden.

KÜMMEL-BIERFLEISCH

Zutaten für 4 Personen

600 g	Schweinenacken, gewürfelt
1 große	Zwiebel
¼ Knolle	Sellerie
2	Karotten
2 TL	Kümmel
2	Knoblauchzehen
1 TL	Majoran
1 TL	Paprikapulver, edelsüß
0,33 l	Bier (Pils)
¼ Liter	Sauerrahm
	Salz, schwarzer Pfeffer
	Schweineschmalz

Gewürfeltes Fleisch mit Salz, Pfeffer würzen, im Schmalz anbraten. Zerkleinerte Zwiebeln, Knoblauch, Sellerie und Karotten zugeben, anbraten. Mit Paprika, Majoran und Kümmel würzen, mit Bier ablöschen. 1 Std. auf kleiner Flamme schmoren. Bei Bedarf Wasser oder Bier nachgießen. Wenn das Fleisch weich ist, Topf vom Herd nehmen, Sauerrahm unterrühren, mit Salz und Pfeffer abschmecken.

Lavendel *Lavandula angustifolia*

FAMILIE
Lippenblütler *(Lamiaceae)*

BESCHREIBUNG
Der graufilzig behaarte Strauch wird ca. 100 cm groß. Die Zweige sind stark verästelt, die Blätter bis 50 mm lang. Lavendel blüht violett und bildet einen ährigen Blütenstand. Blütezeit ist Juni bis August. Er wächst vereinzelt bis zur Waldgrenze an trockenen und felsigen Hängen. Lavendel ist die charakteristische Pflanze der Hochprovence.

VERWENDETE TEILE
Blüten, junge Blätter und Triebe

WICHTIGE INHALTSSTOFFE
Ätherisches Öl, Gerbstoff, Glykosid, Saponin

ERNTEZEIT
Juli, August

VERWENDUNG

Medizinisch verwendet wird Lavendel als Tee, Tinktur, in Salben und Kräuterkissen. Lavendelblüten haben leicht beruhigende, blähungswidrige und gallentreibende Eigenschaften. Man nutzt sie bei innerer Unruhe, nervöser Erschöpfung, Einschlafstörungen, Migräne, nervösem Magen-, Darm- und Gallenbeschwerden.

In unseren Breiten weniger bekannt ist der Einsatz des Lavendels in der Küche. Junge Blätter und weiche Triebe werden besonders in der französischen, italienischen und spanischen Küche zum Verfeinern von Eintöpfen, Fisch, Geflügel, Lammfleisch, in Soßen und Suppen verwendet, in kleineren Mengen auch an Salaten. Selbst in Desserts wie in weißer Schokoladenmousse oder in Aprikosensorbet findet Lavendel Verwendung. Das Aroma ist dem des Rosmarins ähnlich und bitter bis würzig. Lavendel ist wichtiger Bestandteil der Gewürzmischung *Herbes de Provence*. Als getrocknetes, luftdicht und lichtgeschützt verpacktes Gewürz hält es sich 6 bis 9 Monate.

LAVENDELLIMONADE

Zutaten

1250 ml	Wasser
300 g	Zucker
¼ Tasse	Lavendel, grob gehackt
125 ml	Zitronensaft, frisch gepresst
6	Lavendelblüten
	Eiswürfel, nach Belieben

Am Vortag für den Lavendeltee 750 ml Wasser und den Zucker in einem Topf aufkochen; umrühren, bis sich der Zucker aufgelöst hat. Lavendel dazugeben, vom Herd nehmen. Tee zugedeckt bei Zimmertemperatur abkühlen lassen. Dann durch ein Sieb gießen. Tee in einen Glaskrug geben, mit restlichem Wasser und Zitronensaft auffüllen, gut umrühren, abschmecken, eventuell Zucker dazugeben, im Kühlschrank gut kühlen. Kurz vor dem Servieren noch einmal umrühren und Eiswürfel in den Krug geben. Zum Servieren in gekühlte Gläser gießen, mit einer Lavendelblüte garnieren.

Liebstöckel *Levisticum officinale*

FAMILIE
Doldenblütler *(Apiaceae)*

BESCHREIBUNG
Liebstöckel ist eine winterharte, ausdauernde Pflanze bis 2,5 m Höhe. Sie riecht aromatisch. Als Überdauerungsorgan wird ein Rhizom von 4 bis 5 cm Durchmesser gebildet. Die gelblichen bis hellgrünen Blüten sind unscheinbar. Die braune Frucht wird 5 bis 7 mm lang und 3 bis 4 mm breit.

VERWENDETE TEILE
Blätter als Gewürz;
Wurzel und Samen in der Heilkunde

WICHTIGE INHALTSSTOFFE
Angelikasäure, Apfelsäure, Apiol, ätherisches Öl, Bitterstoffe, Carvon, Cumarine, Fette, Gerbstoffe, Gummi, Harze, Invertzucker, Isovalerinsäure, Kampfer, Myristicin, Umbelliferon

ERNTEZEIT

<u>Blätter:</u> Frühjahr
<u>Wurzel:</u> Zeitiges Frühjahr oder Spätherbst
<u>Samen:</u> Spätsommer

VERWENDUNG

In der Naturheilkunde wird Liebstöckel u. a. bei Blasenbeschwerden, Gicht und Menstruationskrämpfen gegeben.

Wegen seines Geruchs und Geschmacks nennt man ihn in neuerer Zeit auch Maggikraut. Liebstöckel heißt die Pflanze wegen ihrer angeblich aphrodisischen Wirkung. Heiratswillige Mädchen haben früher ihr Badewasser damit aromatisiert. *Wurzel und Samen des Liebstöckel treiben den Harn und verhelfen Männern und Frauen nicht nur zu unkeuschen Gelüsten, sie tun es auch mit Begierde und Wonnen hernach,* behauptete Dioskurides.

Bei Nierenerkrankungen sollte auf Liebstöckel wegen seiner Reizwirkung auf die Nieren verzichtet werden.

LIEBSTÖCKELKLÖSSE ALS EINLAGE

Zutaten für 4 Personen

4 EL	Hartweizengrieß
2 EL	Butter
200 ml	Milch
1 Prise	Salz, Pfeffer
	Muskatnuss
4 EL	Mehl
2	Eier
3 EL	kleingeschnittener Liebstöckel
½	Zwiebel

Milch mit Butter und Gewürzen aufkochen, Grieß einrieseln lassen, vom Herd nehmen, ca. 10 Min. quellen. Mehl unterrühren, Eier dazugeben, kleingeschnittenen Liebstöckel mit der geriebenen Zwiebel unterziehen, Teig weitere 10 Min. quellen lassen. Mit einem Löffel Klößchen oder Nockerln abstechen und in siedender Hühner- oder Gemüsebrühe garziehen lassen. Mit etwas Salat oder Tomatensoße und Reibekäse servieren.

52

Petersilie *Petroselinum sativum*

FAMILIE
Doldenblütler *(Apiaceae)*

BESCHREIBUNG
Petersilie hat eine rübenförmige Wurzel. Die Pflanze wird 30 bis 90 cm groß. Bei den Kulturformen sind die Blätter glatt oder kraus. Petersilie ist das bekannteste Kraut der deutschen Küche.

VERWENDETE TEILE
Blätter, Samen, Wurzel

WICHTIGE INHALTSSTOFFE
Apiin, Apiol, Apiolin, ätherische Öle, Flavonoide, Furocumarin, Gerbsäure, Glykoside, Myristicin, Salicylate, Thymol, Umbelliferon, Violaxanthin, Vitamin C, Zink

ERNTEZEIT
April bis Oktober

Verwendung

Petersilienblätter finden als Würzkraut vielseitige Verwendung. Bei Erhitzung verlieren sie ihr typisches Aroma. In Frankreich wird Petersilie im *Bouquet garni* mitgegart. In der türkischen Küche werden viele Gerichte und gebratenes Fleisch mit gehackter Petersilie serviert. Das geschieht aber weniger aus dekorativen Gründen: Der hohe Vitamin-C-Gehalt und verschiedene Inhaltsstoffe fördern die Verdauung. Die Volksmedizin kennt weitere zahlreiche Verwendung der Petersilie. Blattpetersilie ist intensiver im Geschmack, die krausblättrige wird vor allem zum Garnieren verwendet. Eine Besonderheit ist die Züchtung „Wurzelpetersilie" mit einer großen Speicherwurzel. Sie schmeckt etwas kräftiger als Pastinake und wird zum Würzen von Suppen und Gemüseeintöpfen verwendet. Die anregende Wirkung auf die Geschlechtsorgane ist eine Legende. Allerdings fördert sie die Menstruation und kann Frühgeburten auslösen. Der Samen der Petersilie enthält in hoher Konzentration ein ätherisches Öl, das bei Überdosierung Kontraktionen der Gebärmutter auslösen und

Halluzinationen hervorrufen kann, weshalb das reine
ätherische Petersilienöl gelegentlich in Drogenkreisen
konsumiert wird.

PÜREE VON DER PETERSILIENWURZEL

Zutaten für 4 Personen

4 große	Petersilienwurzeln (etwa 1 kg)
1	Zwiebel
1 Zweig	Thymian
100 ml	Geflügelfond
100 ml	Sahne
etwas	Butter zum Andünsten

Die Petersilienwurzeln schälen, in grobe Stücke
schneiden. Zwiebel schälen, feinhacken. Peter-
silienwurzel und Zwiebelwürfel in Butter kurz
anschwitzen, den Thymian zugeben. Nach etwa
3 Min. mit dem Geflügelfond ablöschen, die Wurzeln bei geringer Hitze garen, dann Sahne zugeben,
mit einem Pürierstab pürieren und durch ein feines
Sieb streichen.

56

𝕻orree *Allium ampeloprasum*

FAMILIE
Amaryllisgewächse *(Amaryllidaceae)*

BESCHREIBUNG
Porree kommt aus dem Mittelmeerraum. Die zweijährige krautige Pflanze erreicht eine Wuchshöhe von 60 bis 80 cm. Porree hat nur den Ansatz einer Zwiebel, aber die Naturform besitzt eine Knolle. Die Laubblätter sind 1 bis 5 cm breit. Der Blütenstand steht auf einem glatten Blütenstandsschaft und hat eine vielblättrige Hülle. Porree ist winterhart.

VERWENDETE TEILE
Weißer Schaft und hellgrüne Blätter

WICHTIGE INHALTSSTOFFE
Allicin, Calcium, Kalium, Vitamine B1, B6, C, E

ERNTEZEIT
Ab September

Verwendung

Porree hat bereits den Erbauern der ägyptischen Pyramiden als Nahrung gedient. Die Römer schätzten ihn wegen des enthaltenen Senföls, was Kaiser Nero den Spottnamen *Porrophagus* (Porreefresser) einbrachte. Und es geht die Legende, dass die keltischen Krieger Lauchstangen als Kopfbedeckung trugen, weil die Pflanze als Aufputsch- und Kraftmittel galt.

Porree lässt sich im Gemüsefach des Kühlschranks bis zu drei Tage lagern, möglichst aber nicht zusammen mit geruchsempfindlichen anderen Lebensmitteln, weil diese seinen Geruch annehmen. Er dient als Gemüse (Winterlauch) und als Küchengewürz (Sommerlauch). Mit Möhren und Sellerie wird er in Suppen als sogenanntes Suppengrün verwendet.

Selbst in der Volksheilkunde ist Porree bekannt. Er wirkt gegen Pilze und Darmbakterien, ist reinigend und antibiotisch, hilft gegen Blähungen und Verstopfung. Er ist zudem ein gutes Vorbeugungsmittel bei Krampfadern und anderen Venenbeschwerden sowie gegen altersbedingte Gefäßveränderungen.

PORREE IN WEIN UND HONIG

Zutaten für 4 Personen

4 Stangen	Porree
4 TL	Honig
800 ml	Weißwein
	Pfeffer, frisch gemahlen
	Salz

Die vier Stangen Lauch putzen, waschen und das Weiße und Hellgrüne in 3 bis 5 Teile schneiden. Die zarten Teile vom dunkleren Grün in schmale Streifen schneiden. Alles in einen Topf legen, mit Wein und Honig auf niedriger bis mittlerer Stufe dünsten.

Die gegarten größeren Porreestücke vorsichtig aus dem Topf heben, auf einen Teller legen, das klein-geschnittene Grün abgießen und über die Stücke streuen. Mit Salz und frisch gemahlenem Pfeffer würzen.

60

𝔓𝔬𝔯𝔱𝔲𝔩𝔞𝔨 *Portulaca oleracea*

FAMILIE
Portulakgewächse *(Portulacaceae)*

BESCHREIBUNG
Die einjährige Pflanze wird bis 30 cm hoch. Die 3 × 4 mm große Frucht ist eiförmig. Portulak ist weltweit in den warmgemäßigten Zonen verbreitet. Die Sämlinge können innerhalb von sechs Wochen aufwachsen, blühen und wieder Samen ausstreuen. Portulak ist als Pionierpflanze in Gärten, auf Äckern, an Wegen und in Pflasterritzen zu finden.

VERWENDETE TEILE
Kraut

WICHTIGE INHALTSSTOFFE
Alkaloid, Beta-Sitosterol, Calcium, Cumarine, Eisen, Flavonoide, Glutaminsäure, Kalium, Magnesium, Omega-3-Fettsäuren, Oxalsäure, Saponine, Schleim, Vitamine, Zink

ERNTEZEIT

Sommer

VERWENDUNG

Der Portulak ist ein nur wenigen bekanntes, wucherndes Gartenunkraut, das man als Salat zubereiten kann, wofür es sogar manchmal gezielt angebaut wird. Er gilt auch als Heilkraut bei Kopfschmerzen und Nervenproblemen. Sein hoher Vitamin-C-Gehalt wirkt gegen Skorbut und durch Vitaminmangel bedingte Krankheiten. Tabernaemontanus empfahl Portulak gegen Sodbrennen und lockere Zähne.

Wegen seines angenehmen nussigen Geschmacks eignet er sich als Salat zusammen mit anderen Blattsalaten, Gurken und Tomaten. Beim Kochen verliert er allerdings sein Aroma und einen großen Anteil der Vitamine.

Vereinzelt werden getrocknete Blätter auch für einen Teeaufguss verwendet. Frische Blätter können auch direkt für Saft ausgepresst werden.

PORTULAKSALAT

Zutaten für 4 Personen

300 g	Portulak
250 g	Joghurt
4 EL	Öl
2 Zehen	Knoblauch
	Saft einer Zitrone
1 Tasse	Walnüsse, grob gemahlen
	Salz

Den Portulak säubern, waschen und kleinschneiden. Das Öl mit dem Zitronensaft verrühren, dann den kleingehackten Knoblauch, das Salz, die Walnüsse und den Joghurt zufügen, gründlich verrühren und alles zusammen über den Portulak gießen.

Den Salat abschmecken, eventuell noch etwas nachsalzen und für kurze Zeit in den Kühlschrank stellen.

Portulaksalat kann man als Vorspeise oder neben dem Hauptgericht servieren.

64

Sauerampfer *Rumex acetosa*

FAMILIE
Knöterichgewächse *(Polygonaceae)*

BESCHREIBUNG
Die mehrjährige, bis 100 cm große Pflanze gedeiht auf stickstoffreichen und lehmigen Böden. Die kleinen roten Blüten an blattlosen Stängeln werden als Rispe von Mai bis August ausgebildet.

VERWENDETE TEILE
Junge Blätter vor der Blüte

WICHTIGE INHALTSSTOFFE
Eisen, Kalium, Magnesium, Vitamin A und C

Der sehr hohe Gehalt an Kaliumhydrogenoxalat kann zu Oxalatvergiftungen führen.

Vergiftungen kommen, besonders bei Schafen, häufig vor. Rinder sind dagegen relativ unempfindlich.

Erntezeit
April bis Mai

Verwendung

Junge Blätter kann man roh in Salaten essen, gehackt in Mayonaisen, Soßen und Suppen oder püriert in vielen Gerichten.

Sauerampfer wurde schon von den Griechen und Römern als Küchenkraut genutzt. Er lässt sich wie Spinat, bzw. mit diesem vermischt, zubereiten, was das Gericht würziger macht.

In Belgien und Frankreich, auch in Osteuropa (vor allem in Polen und Litauen) ist Ampfersuppe sehr beliebt. Sie wird heiß oder eisgekühlt serviert.

Bei Verdauungsbeschwerden wird Sauerampfer als Heilmittel empfohlen.

Tinten- oder Rostflecke in Leinen wurden früher mit Sauerampferextrakt (Oxalsäure) entfernt.

Die Sauerampferpollen gehören zu den typischen Heuschnupfenpollen.

Sauerampfer eignet sich nicht zum Trocknen.

SAUERAMPFERSUPPE

Zutaten für 4 Personen

300 g	Kartoffeln, mehlig kochend
1 Stange	Lauch
250 ml	Gemüsebrühe
500 ml	Kefir
1 Bund	Sauerampfer
1 TL	Butter
	Salz, Pfeffer
	Muskat
1 Prise	Zucker

Kartoffeln schälen, würfeln. Lauch in Ringe schneiden, in heißer Butter anbraten. Kartoffeln zugeben, mit Brühe ablöschen. Salz, Pfeffer, Zucker zugeben, 10 Min. kochen lassen. Gewaschenen Sauerampfer in grobe Stücke schneiden, in die Suppe geben, köcheln lassen, bis die Blätter eingefallen sind. Suppe vom Herd nehmen, Kefir dazugeben, pürieren. Mit Salz, Pfeffer, Muskat abschmecken. Suppe mit feingeschnittenen Sauerampferblättern dekorieren.

Schnittlauch *Allium schoenoprasum*

FAMILIE
Amaryllisgewächse *(Amaryllidaceae)*

BESCHREIBUNG
Schnittlauch kann eine Höhe von 50 cm erreichen. Aus einer Zwiebel gehen röhrenförmige Laubblätter hervor. Zwischen Mai und August entwickeln sich scheindoldige Blütenstände.

VERWENDETE TEILE
Stängel

WICHTIGE INHALTSSTOFFE
Arsen (sehr geringe Mengen), Eisen, Vitamin C

ERNTEZEIT
März bis Oktober

VERWENDUNG
Schnittlauch ist ein Küchengewürz, aber auch eine

Heilpflanze. Er vertreibt die Frühjahrsmüdigkeit, reinigt das Blut und liefert Vitamin C.

Als Küchengewürz werden die Röhrenblätter geerntet. Man gibt ihn feingeschnitten an Salate und Suppen, Eiergerichte und Mayonaise. Butterbrot reichlich belegt mit Schnittlauchröllchen gehört in Bayern und Österreich zur Brotzeitplatte. Er wird häufig in Gewächshäusern, seltener in Feldkultur angebaut. Die langen Blätter werden tief abgeschnitten. Sie treiben das ganze Jahr über nach.

GEFÜLLTER SCHNITTLAUCH

Zutaten für 4 Personen

40 Stangen	Schnittlauch
100 g	Ricotta
100 g	Parmesan

Ricotta und Parmesan vermengen, mit Pfeffer und Salz abschmecken, mit dem Dressiersack vorsichtig in den Schnittlauch spritzen (Spitzen abschneiden, sonst platzen die Halme).

EIERSALAT MIT SCHNITTLAUCH

Zutaten für 4 Personen

2 EL	Joghurt, fettarmer
1 Prise	Salz
1 Prise	Pfeffer
1 TL	Senf
6	Eier
1 Bund	Schnittlauch

Eier hart kochen, abschrecken, abpellen, mit dem Eierschneider zerkleinern, so dass kleine Würfel entstehen. Schnittlauch in kleine Röllchen schneiden.

Alle Zutaten kräftig vermischen, abschmecken und je nachdem, ob es dicker oder dünner werden soll, noch einen TL Joghurt mehr dazugeben.

Etwas von den Schnittlauchröllchen auf dem Eiersalat verteilen und in den Kühlschrank stellen oder gleich servieren.

72

Sellerie *Apium graveolens*

FAMILIE
Doldenblütler *(Apiaceae)*

BESCHREIBUNG
Sellerie kann bis zu 1 m hoch wachsen. Die ein- oder zweijährige Pflanze hat eine gerillte Sprossachse. Das Wurzelsystem besteht aus einer häufig verdickten Pfahlwurzel und dünnen Nebenwurzeln. Die grünlich-weißen Blütenstände sind Dolden aus wenigen Einzelblüten.

VERWENDETE TEILE
Blätter, Stange, Wurzelknolle, Samen

WICHTIGE INHALTSSTOFFE
Ätherisches Öl, Calcium, Eisen, Kalium, Vitamine B1, B2, B12, C und E

ERNTEZEIT
Juli bis Oktober

VERWENDUNG

In Ägypten dienten Blüten und Blätter von Sellerie als Grabbeigaben. Die Griechen und Römer weihten ihn dem Gott der Unterwelt, servierten Sellerie beim Leichenschmaus und bepflanzten die Grabhügel. Seit dem frühen Mittelalter ist Sellerie auch in Europa bekannt. Man sagte der Pflanze eine aphrodisierende sowie eine mild stimmungsaufhellende Wirkung nach. Knollensellerie wird gern mit Suppengrün zum Kochen herzhafter Suppen verwendet. Selleriepüree ist eine beliebte Beilage. Ein vegetarisches Gericht sind gebratene Selleriescheiben als Sellerieschnitzel. Sellerie wird gekocht, geschmort, gedünstet oder mit Käse überbacken. Stangensellerie wird gern als Rohkost mit einem Dip oder mit Frischkäse, Weichkäse oder Roquefortcreme gefüllt genossen. Salat aus geriebenem Sellerie mit Äpfeln und Nüssen, braunem Zucker und Honig entschlackt, entwässert, ist blutreinigend und hilft bei Hauterkrankungen. Sellerie entfaltet ein intensives Aroma und sollte deshalb mit Vorsicht verwendet werden.

SELLERIESTEAK (vegetarisch)

Zutaten für 4 Personen

600 g	Knollensellerie
125 ml	süße Sahne
1	Zitrone
	Salz
	Pfeffer
	Muskat

Ofen auf 200 °C vorheizen. Den Knollensellerie schälen, in 1,5 cm dicke Scheiben schneiden, mit Zitronensaft beträufeln, jeweils eine Scheibe in eine kreisrunde, ofenfeste Form legen.

Sahne mit den Gewürzen nach Geschmack verrühren und angießen.

Im Ofen etwa 20 Min. backen. Die Sahne steigt nach oben und benetzt die Selleriescheiben; sie verdampft fast vollständig, sodass eine sämige Creme übrigbleibt. Die Selleriescheiben werden gleichsam gebräunt. Sie sollen am Ende noch Biss haben, aber auch zart sein.

𝕎𝕖𝕣𝕞𝕦𝕥 *Artemisia absinthium*

FAMILIE
Korbblütler *(Asteraceae)*

BESCHREIBUNG
Wermut erreicht eine Wuchshöhe von 40 bis 60 cm. Er duftet stark aromatisch. Die dicht beblätterten Sprosse sind am Grund manchmal verholzt und im oberen Bereich mehrfach verzweigt. Die Blätter sind grau, filzig und weich behaart. Die Blüten sitzen in kurz gestielten, hängenden Köpfchen, die in rispenartigen Gruppen zusammengefasst sind. Im Winter sterben die oberirdischen Teile ab, die Wurzeln treiben im Frühjahr wieder aus.

VERWENDETE TEILE
Blätter

WICHTIGE INHALTSSTOFFE
Absinthin, Artemisin, ätherisches Öl, Bernsteinsäure, Bitterstoffe, Glykosid, Thujylalkohol

ERNTEZEIT
Juni bis August

VERWENDUNG
Wermut wirkt gegen Verdauungsschwäche. Er wird als Tee oder als Tinktur zubereitet. Im Mittelalter wurde Wermut mit süßer Milch gegen *Würmer in Schoß und Ohren* empfohlen.

Wegen der verdauungsfördernden Wirkung gibt man Wermut als Gewürz zu fetten Speisen.

Außerdem ist er Bestandteil des Absinths, der im 19. Jahrhundert eine Modedroge war. Aufgrund des Thujongehalts und der vermuteten gesundheitsschädlichen Wirkung war Absinth zeitweise in einigen europäischen Ländern verboten.

Wermut sollte man nur in sehr kleinen Mengen verwenden, weil das Aroma alle anderen überdecken kann. Er ist zum Trocknen im Freien an schattigem Platz und zum Einfrieren geeignet.

Versetzt man Branntwein mit einigen Wermutblättern, erhöht das die Bekömmlichkeit.

SPARGEL MIT KRÄUTERSABAYON

Zutaten für 4 Personen

2 kg	Spargel
2	Schalotten, feingewürfelt
1/8 l	Wermutwein
1/4 l	Fischfond
50 g	Butter, für die Reduktion
200 g	Butter, flüssig
3	Eigelb
2 Bund	Kräuter: Kerbel, Petersilie, Schnittlauch, Estragon
60 g	Sahne, geschlagen
	Salz, Pfeffer

Spargel garen. Gewürfelte Schalotten in Butter anschwitzen, mit Wermut und Fischfond ablöschen, auf 4 EL Flüssigkeit einkochen. Eigelbe mit der Reduktion schaumig schlagen, flüssige Butter einlaufen lassen; weiterschlagen, bis die Sabayon die gewünschte Konsistenz hat. Kräuter wiegen, unterheben. Kurz vor dem Servieren geschlagene Sahne unterheben und zum Spargel servieren.

Kleiner Wiesenknopf

Sanguisorba minor

FAMILIE
Doldenblütler *(Apiaceae)*

BESCHREIBUNG
Der Kleine Wiesenknopf (Pimpernelle und ähnliche Bezeichnungen) ist eine krautige Pflanze von 20 bis 100 cm Höhe mit aufrechtem Stängel. Die gezähnten Blätter sind eiförmig bis elliptisch, die Blütenköpfe grünlich; die oberen Blüten weiblich, die mittleren oft zwittrig, die unteren männlich.

VERWENDETE TEILE
Blätter, Blüten, Wurzel

WICHTIGE INHALTSSTOFFE
Gallussäure, Gerbsäure, Kampferol, Vitamin C

ERNTEZEIT
Frühjahr und Sommer

VERWENDUNG

Ein Tee vom Kleinen Wiesenknopf hilft gegen Schwächen der Verdauungsorgane und des Harnapparats. Äußerlich angewandt lindert er Hautprobleme und Sonnenbrand.

Hauptsächlich wird das nach Gurke schmeckende Kraut in der Küche verwendet als Salatgewürz, für Grüne Soße, Kräuterquark, Kräuterbutter, Marinaden, in kalten Getränken sowie zu Geflügel- und Fischgerichten. Er gehört unbedingt in die „Hessische Grüne Soße" nach Frankfurter oder Kasseler Art. Blätter und Blüten helfen die Frühjahrsmüdigkeit auszutreiben und regen den Stoffwechsel an.

Als Tonikum wird er hoch geschätzt. Nicholas Culpeper schrieb: *Ein äußerst kostbares Kraut, dessen ständiger Gebrauch den Körper bei bester Gesundheit hält.*

In einem klassischen Bauerngarten dient er auch heute noch als Zierpflanze.

Im Viehfutter wird er verwendet, da er sich in fast jeder Mahd findet.

SALAT VOM KLEINEN WIESENKNOPF

Zutaten für 4 Personen

1 kg	Kartoffeln, vorwiegend-festkochende
1	Zwiebel
200 ml	Gemüsebrühe
6 EL	Weißweinessig, heller
1 TL	Senf
	Salz
	Pfeffer, frisch gemahlen
1	Salatgurke
2 Handv.	Kleiner Wiesenknopf
4 EL	Sonnenblumenöl

Kartoffeln kochen. Zwiebel kleinwürfeln, mit heißer Brühe übergießen, mit Essig, Senf, Pfeffer würzen. Gurke mit Schale in dünne Scheiben hobeln. Die noch heißen Kartoffeln pellen, zum Salat schneiden. Wiesenknopf waschen, Blättchen abzupfen, mit Öl in den Salat mischen. Der Salat kann sofort und lauwarm gegessen werden, schmeckt aber besser, wenn er einige Stunden durchzieht.

Ysop *Hyssopus officinalis*

FAMILIE
Lippenblütler *(Lamiaceae)*

BESCHREIBUNG
Der bis 60 cm hohe Zwergstrauch hat mattbraune Äste mit abblätternder Rinde. Die stumpfen oder kurz zugespitzten Blätter werden bis zu 50 mm lang und 10 mm breit. Sie sind an Ober- und Unterseite dicht mit Öldrüsen bedeckt.
Die fünfzähligen Blüten sind leuchtendblau oder violett, selten weiß oder rosa. Blütezeit von Juli bis Oktober.

VERWENDETE TEILE
Kraut

WICHTIGE INHALTSSTOFFE
Apfelsäure, ätherisches Öl, Cholin, Diosmin, Gerbstoffe, Gummi, Harz, Hesperidin, Hyssopin, Zucker

Erntezeit

Juni bis August

Verwendung

Ysop kann man zu medizinischen Zwecken bei chronischer Bronchitis oder bei Magen-Darm-Erkrankungen als Tee einzeln oder zusammen mit anderen Kräutern gemischt trinken. Ysop gilt als schleimlösend, hebt den Blutdruck, lindert Asthma, wirkt magenstärkend und verhindert Schweißausbrüche.

In der Küche wird Ysop als aromatisches Würzkraut für Salate, Tomaten, Quark, Braten und Soßen verwendet. Ysop passt sehr gut zu Kartoffelgerichten und Hülsenfrüchten. Wegen des kräftigen Geschmacks genügen schon wenige Blättchen. Auch für die Herstellung von Kräuterlikören (z. B. Chartreuse) wird Ysop verwendet.

Ysop sollte man bei einer nervösen Reizbarkeit nicht einsetzen. Ysopöl kann in hoher Konzentration Krämpfe auslösen.

KRÄUTER DER PROVENCE

Zutaten

4 Stiele	Ysop
1 Bund	Thymian
1 Bund	Oregano
1 Bund	Basilikum
3 Zweige	Rosmarin
12 Bl.	Salbei
1 Handv.	Fenchelkraut
1 Bund	Bohnenkraut
etwas	Lavendel

Mit dieser berühmten Gewürzmischung lassen sich Fleisch-, Fisch-, Süßspeisen, Eintöpfe und viele andere Gerichte mit dem charakteristischen mediterranen Geschmack zubereiten und verfeinern. Der Phantasie sind dabei keine Grenzen gesetzt. Die Mischung kann auch nach anderen Vorgaben unter Beibehaltung der Ingredienzien hergestellt werden. Mit grobem Meersalz ergibt das Potpourri von Kräutern auch eine gute Salzmischung.

Zwiebel *Allium cepa*

FAMILIE
Lippenblütler *(Lamiaceae)*

BESCHREIBUNG
Die Küchenzwiebel ist eine ausdauernde Pflanze, die meistens nur ein- oder zweijährig kultiviert wird. Sie bildet eine Rosette aus 10 bis 15 röhrig-hohlen Laubblättern. Die Blattbasen verdicken sich zu einer Schalenzwiebel als Speicherorgan. Ab dem zweiten Jahr kann sich die Zwiebelscheibe zu einem 20 bis 120 cm langen Schaft strecken. An seiner Spitze erscheint eine Scheindolde aus zahlreichen Einzelblüten. Die Küchenzwiebel existiert nur noch als reine Kulturpflanze.

VERWENDETE TEILE
Zwiebelknolle

WICHTIGE INHALTSSTOFFE
Allicin, Carotin, Essigsäure, Fumarsäure, Glykosid,

Jod, Kalziumoxalate, Linolsäure, Lithium, Lutein, Oxalsäure, Phosphor, Rutin, Salicylate, Senfölähnliches Schwefel, Trigonellin, Vitamine, Zink, Zitronensäure

ERNTEZEIT
August bis Oktober

VERWENDUNG
Die Küchenzwiebel ist eine der ältesten Kulturpflanzen. Sie wird seit mehr als 5000 Jahren als Heil-, Gewürz- und Gemüsepflanze kultiviert. Sie hält das Gefäßsystem jung, lindert Husten, Verdauungsbeschwerden, Entzündungen aller Art, hilft sogar gegen Haarausfall. Die Römer zählten Zwiebeln zu den Grundnahrungsmitteln. Römische Legionäre brachten die *cepula* nach Mitteleuropa. Sie wurde zu einer der am meisten verbreiteten Gemüsearten und diente im Mittelalter auch als Amulett gegen die Pest. Etwa ab dem 15. Jahrhundert begann man in Holland, vielfältige, in Form, Farbe und Geschmack unterschiedliche Sorten gezielt zu züchten.

ZWIEBELKUCHEN

Zutaten für einen Kuchen

<u>Für den Teig:</u>

75 g	Magerquark
3 EL	Milch
3 EL	Öl
1 Prise	Salz
150 g	Mehl
½ Pck.	Backpulver

<u>Für den Belag:</u>

150 g	Speck, durchwachsen, geräuchert
750 g	Zwiebeln
250 g	Crème fraîche
3	Eier
	Salz, Pfeffer, Muskat
	Fett für die Form

Speck ausbraten, mit Zwiebelringen 10 Min. in geschlossener Pfanne dünsten, abkühlen. Quark mit Milch, Öl, Salz verrühren; Mehl mit Backpulver untermischen, Teig in Springform ausrollen. Eier, Crème fraîche, Gewürze verrühren, unter die Masse ziehen. Bei 180 °C Heißluft ca. 45 Min. backen.

REZEPTREGISTER

Chili con Carne mit Basilikum

...weitere Bände aus der

Mehr Bücher: www.rhinoverlag.de